Ein blaues Band

Allen meinen Deutschlehrern gewidmet
und auch der einen Deutschlehrerin

Christian Eckhard

Ein blaues Band

Frühlingshafte Variationen zu Mörike

Bibliografische Information der Deutschen Nationalbibliothek:
Die Deutsche Nationalbibliothek verzeichnet diese Publikation in der
Deutschen Nationalbibliografie; detaillierte bibliografische Daten sind
im Internet über http://dnb.dnb.de abrufbar.

Lektorat: **Susanne Czuchaja**

Herstellung und Verlag: BoD – Books on Demand, Norderstedt

ISBN: 978-3-7481-7547-6

INHALT

Für Menschen, die sich weder für Astronomie noch für Astrologie interessieren:
♈ ist das Symbol für das Sternzeichen „Widder", mit dem der Frühling beginnt.

Er ist's

Frühling lässt sein blaues Band
Wieder flattern durch die Lüfte;
Süße, wohlbekannte Düfte
Streifen ahnungsvoll das Land.

Veilchen träumen schon,
Wollen balde kommen.
Horch! Von Fern ein leiser Harfenton!

Frühling, ja du bist's!
Dich hab ich vernommen!

(Eduard Mörike)

Das Original.

Frühling!

Blaues Band.

Veilchen träumen schon.

Harfenklänge aus der Ferne.

Endlich!

(Aurora vom Lichtwald)

Sehr frei nach Eduard Mörike: „Er ist's".
Verdichtete Dichtung. 219:73 Zeichen; Kompression 3:1.

Er nu wieder

Frühling lässt den blauen Lappen
Wieder durch die Lüfte flappen,
Bis wir duhn vom Düfteschnappen
Torkelnd durch die Gegend tappen.

Wenn wir dann an Bäume rennen,
Kann man's wohl ein „Veilchen" nennen
Untermalt von Harfenklängen!

Bleibt die Schwellung noch zu kühlen!
So kann man den Frühling fühlen!

(Edward von der Notaufnahme)

Sehr frei nach Eduard Mörike: „Er ist's".
Zeitgemäße Fassung mit integrierter Warnung vor Drogenkonsum.

Herr K. begegnet dem Frühling

Es war einer der ersten milden Tage dieses Jahres, und Herr K. hatte beschlossen, einen Spaziergang im Park zu unternehmen. Einige Veilchen steckten an der Mauer ihre Köpfe aus der Erde. Es war eine rote Ziegelmauer, und Herr K. erinnerte sich, dass dort neulich ein Harfenspieler gesessen und in seinem Hut - einem unansehnlichen grünen Filzhut übrigens - von den Passanten etwas Geld erbettelt hatte.

Er selbst hatte auch etwas hineingeworfen, zwanzig Pfennige, er hatte sich hinterher schäbig gefühlt, weil er so wenig gegeben hatte, aber andererseits, bei seinem Gehalt, konnte man ja wohl nicht mehr von ihm erwarten.

Der Duft der Veilchen irritierte Herrn K., weil er so sehr im Widerspruch zu dem Klang der Harfe stand, und Widersprüche konnte man in einem geordneten Park, besonders wenn er durch eine solche Ziegelmauer auf beruhigende Weise begrenzt wurde, schließlich nicht brauchen.

Der Bettler mit der Harfe war heute nicht da, vielleicht hatte die Obrigkeit ihn inzwischen verhaftet, deportiert, schließlich war er selbst Schuld, wenn er sich hier derart der Ordnung widersetzte.

Auf der Bank, letzten Herbst frisch gestrichen, aber der Winter hatte die Farbe schon wieder abblättern lassen, saß ein junger Mann.

Herr K. wunderte sich über die Blumen, die er sich ins Haar gesteckt hatte. Vielleicht sollte er ihn warnen, dass die Obrigkeit so etwas gar nicht gerne sah, jedenfalls blieb er stehen und murmelte einen Gruß und eine Bemerkung über das Wetter, und dass ja nun der Frühling bald kommen müsse.

„Ich bin der Frühling", antwortete der junge Mann, „Und ich wollte jetzt eigentlich dort in den Park gehen."

Zweifellos ein Geistesgestörter, dachte Herr K., wagte aber keinen offenen Widerspruch, denn Widersprüche waren ihm, wie er sich eben erst eingestanden hatte, zuwider, und man musste schließlich konsequent sein. Außerdem machte der Mann einen leidenden Eindruck.

„Und warum gehen Sie nicht?" fragte Herr K. teilnahmsvoll, das war er diesem Menschen immerhin schuldig.

„Sie stehen auf meinem blauen Band", entgegnete dieser.

„Oh", machte Herr K., mit einem Gefühl aufrichtigen Bedauerns, das er sich gar nicht erklären konnte und das wohl der milden Luft geschuldet war.

Dann trat er beiseite und ließ den Frühling passieren. Dahinter kam nichts mehr, außer vielleicht diesem unbestimmten Gefühl, eine falsche Entscheidung getroffen zu haben, wie es Herr K. schon so oft in seinem Leben empfunden hatte.

(Fafner Kranz)

Inspiriert durch Eduard Mörike: „Er ist's".
Die kafkaeske Interpretation.

Frühlingsrap

Wenn die Jahreszeit der Harfen in den Ohren klingt,
Kommt das Dichterherz in Wallung und er singt beschwingt,
Träumt von Düften in den Lüften, die der Frühling bringt,
Der den Winterspeck auf Hüften bald zum Schmelzen zwingt.

Dann schwebt er zu seinem Schatz, wo in die Knie er sinkt,
Weil er hofft, dass ihm sein Antrag irgendwie gelingt,
Wenn der Duft von tausend Veilchen in ihr Näschen dringt.

Doch die Schöne, die muss niesen - allergiebedingt.
Was ihm stinkt. Unbedingt. Woraufhin die Stimmung sinkt.

(Rudi Raphuhn)

Sehr frei nach Eduard Mörike: „Er ist's".

Als Sprechgesang vorzutragen, dazu Baseballkappe mit Schirm
seitlich aufsetzen. Eventuell Kniebeugen.

Ahnungsvoll balde!

Band bist's, blaues!
Das dich, die Du durch Düfte
Ein Er fern flattern:
Frühling, Frühling!

Hab Harfenton!
Horch ich, ist's ja kommen...
Land lässt leiser Lüfte schon sein Streifen süße träumen.

Veilchen vernommen -
Von wieder: Wohlbekannte wollen!

(Alf Bethe)

Eduard Mörike: „Er ist's" –
alphabetisch sortiert etwas dadaistisch anmutend.
Als Hausaufgabe bitte interpretieren!

Frühlingsbaukasten

Er	Mancher	Es	Das	Der
ist's!	war's!	wird's!	soll's!	kann's!
Frühling	Herbst	Winter	Sommer	Fasching
lässt	hört	schickt	sieht	findet
sein	ein	euer	unser	jenes
blaues	unsichtbares	weißes	grünes	verdorbenes
Band	Papier	Tuch	Seil	Wurstbrot
wieder	manchmal	immer	selten	oft
flattern	fliegen	tauchen	reiten	sinken
durch	über	unter	zwischen	in
die	jene	alle	viele	manche
Lüfte.	Meere.	Seen.	Berge.	Heringe.
Süße,	Bittre,	Saure,	Salzige,	Stinkende,
wohlbekannte	unbekannte	vergessene	bewährte	verbotene
Düfte	Pilze	Geräusche	Gefühle	Steinplatten
streifen	berühren	verfehlen	treffen	zerschmettern
ahnungsvoll	ahnungslos	vielsagend	sinnlos	nichtssagend
das	manches	unser	euer	irgendein
Land.	Dorf.	Eis.	Wasser.	Denkmal.
Veilchen	Nelken	Igel	Finken	Stinktiere
träumen	schlafen	pennen	wachen	protestieren

schon,	noch,	meistens,	selten,	vielleicht,
wollen	sollen	können	müssen	dürfen
balde	gleich	nie	oft	demnächst
kommen.	gehen.	bleiben.	hoffen.	verschwinden.
Horch!	Schau!	Sieh!	Rate!	Denke!
Von	Von	Von	Von	Von
fern	nah	drüben	hinten	anderswo
ein	kein	dein	mein	sein
leiser	lauter	dünner	dicker	verdammter
Harfenton!	Gesang!	Donner!	Blitz!	Knall!
Frühling,	Wolke,	Bodenfrost,	Felsen,	Waldschrat,
ja	nein	doch	super	wirklich
du	du	du	du	du
bist's!	warst's!	bleibst's!	wirst's!	kannst's!
Dich	Manches	Alles	Euch	Verschiedenes
hab	hatte	hätte	hatte	hab
ich	ich	ich	ich	ich
vernommen!	vermisst!	verloren!	versenkt!	verflucht!

Extrapoliert nach Eduard Mörike: „Er ist's".

Basteln Sie Ihr eigenes Gedicht:
Je Zeile bitte ein Wort zufällig auswählen.

Frühlingsstatistik

	0	5	10	15	20	25	absolut	Prozent
A	aaaaa	aaaaa	a				11	5,24
B	Bbbbb	b					6	2,86
C	ccccc	c					6	2,86
D	DDddd	ddddd					10	4,76
E	Eeeee	eeeee	eeeee	eeeee	eeeee	ee	27	12,86
F	FFFff	fff					8	3,81
G	ggg						3	1,43
H	HHhhh	hhhhh	hhh				13	6,19
I	iiiii	iiiii	iii				13	6,19
J	j						1	0,48
K	kk						2	0,95
L	LLlll	lllll	lllll				15	7,14
M	mmmmm						5	2,38
N	nnnnn	nnnnn	nnnnn	nnnnn	nnn		23	10,95
O	ooooo	oooo					9	4,29
P							-	0,00
Q							-	0,00
R	rrrrr	rrrrr	rrr				13	6,19
S	SSsss	sssss	ssss				14	6,67
T	ttttt	ttttt	t				11	5,24

U	uuuuu							5	2,38
V	VVvv							4	1,90
W	WWw							3	1,43
X								-	0,00
Y								-	0,00
Z								-	0,00
Ä	ää							2	0,95
Ö								-	0,00
Ü	üüüüü							5	2,38
ß	ß							1	0,48

Streng analytisch nach Eduard Mörike: „Er ist's".

Häufigkeit der verwendeten Buchstaben;
Fächer übergreifend auch im Mathematikunterricht einsetzbar.

Eines Helden Opfer

So hat das Jahr seinen Zyklus geschlossen:
Knabe und Jüngling, dann Mann, schließlich Greis.
Frucht ist gesäet, geerntet, genossen,
Sternenuhr hat schon umrundet den Kreis.

Fern ist der Lenz, vom Winter umfangen:
All unser Sehnen gefroren im Eis.
Tränen der Trauer, die Hoffnung vergangen.
Ist da kein Held, der Rettung uns weiß?

Dort! Seht den unerschrockenen Recken!
Veilchen zieren den ehernen Schild:
Ich will den Frühling für euch erwecken,
Wehrt es der Winter auch noch so wild!

Werde den frostkalten Kerker entdecken,
Lüfte euch bringen, duftend und lau.
Eisesgewalt hat für mich keinen Schrecken,
Scheint sie auch unbezwingbar und rau.

Fort strebt sein Schritt zu den eisigen Hallen,
Noch geht er sicher auf glattem Grund.
Schon in den Abgrund droht er zu fallen,
Mutig bezwingt er den schrecklichen Schlund.

Bald steile Wand behindert sein Streben,
Schneidender Sturm bläst ihm in den Mund.
Trotziger Fäuste entschlossenes Beben,
Hand und Fuß werden beim Klettern ihm wund.

Wird es gelingen, den Lenz zu erretten?
Endlich der Gipfel, das eisige Ziel!
Wie den Gefangenen lösen aus Ketten?
Kraft ist vergebens, sinnloses Spiel.

Nur eine List kann den Gegner bezwingen.
Die Harfe geschlagen, ein Lied angestimmt!
Seht doch! Der Ton bringt das Eis zum Zerspringen!
Hoffnung wächst, dass gutes Ende es nimmt.

Doch in des Helden kraftvolles Klingen
Mischt sich kristallenes Klirren von Eis.
Splittergeschosse ihn schneidend durchdringen:
Blutende Wunde des Sieges Preis.

Frühling schon regt sich, frierend noch wanket,
Kniet sich zum sterbenden Helden hinab.
Wärmendes Blut die Geste ihm danket,
Während der Held sich neiget zum Grab.

Nimm dieses Halstuch, ich brauch es nun nimmer,
Flüstert der Recke mit letztem Hauch.
Dank dir, Befreier, will tragen es immer
Dir zum Gedenken, das sei nun mein Brauch.

Das blaue Tuch und die Harfe des Helden:
Seither sind sie des Lenzes Symbol,
Die sein befreiendes Kommen uns melden,
Denen der Winter weichen muss wohl.

(Schillfried Weimar)

Johann G. von Wolfs Antwort nach Zusendung des Textes:

Ach, dies Gedicht besingt keinen Recken,
Bestenfalls handelt es von einem Narr'n!
Niemand muss tapfer den Frühling erwecken,
Er kommt von selbst, man muss seiner nur harr'n!

W.

Sehr frei nach Eduard Mörike: „Er ist's".
Die klassische Ballade, nebst Kommentar des Dichterkollegen.

Harfen und Düfte

Flatternde blaue Bänder

Veilchen auch dabei

(Hai Ku)

Sehr frei nach Eduard Mörike: „Er ist's".
Das Wesentliche in drei Sekunden.

Einst ohne Zeit

Oh Band,

Welches in den Lüften zerweht!

Süßes Ahnen gekannt.

Land. Gestreift. Verloren.

Träume nur,

Veilchen - wann?

Harfe leise verstummend.

Ertaubtes Ohr.

War was?

(Bennfried Gott)

Sehr frei nach Eduard Mörike: „Er ist's".

Expressionistische Variante.

Du bist's!

Kränze dein Haar mit dem blauen Band,
Du mein süßer Oasenvogel,
Denn ich eile wie auf Flügeln der Lüfte zu dir.
Wo du weilst, erblüht die Wüste von duftenden Blumen.

Lieblich ist deine Stimme, wenn sie zur Harfe singt,
Schon höre ich sie von ferne, ja, du bist's,
Ihren Klang erkenne ich unter Tausenden.

Bald bin ich bei dir, du Brunnen meiner dürstenden Seele,
Und liege dir zu Füßen.

(Harun Ben Nemsi Abu Kara Al Raschid)

Sehr frei nach Eduard Mörike: „Er ist's".
Aus Tausendundeiner Nacht – als der „Nahe Osten" noch
„Morgenland" genannt wurde.

Niuwez gelücke!

Min vrouwe tat mir weren,
daz bringt min ouge zaehren.
Iez niuwe lenzen zihet,
viole balde blüejet.

Sin harpfe klingt bar schande,
mit eime blawen bande
streift er daz senend lande.

Daz machet niuwe minne,
ervröuwet mine sinne.

(Walther Vogellin)

Sehr frei nach Eduard Mörike: „Er ist's".
Die mittelalterliche Fassung.

Du warst's

In wildem Rausch, ungefragt,
Hast gemeuchelt mit blauem Bande:
Den Winter, der Ruhe Garanten,
Getauscht gegen billigen Duft.

Des Sommers Dürre klag ich dich an,
Und des Herbstes farbigen Todes,
Von ferne schon Nebelhorn klingt.

Frühling, du Heuchler, du warst's!
Verderbliche Ursach von allem!

(Johann G. von Wolf)

Sehr frei nach Eduard Mörike: „Er ist's".
Stürmisch und drängend.

Psalm 151

HERR du bist groß und gepriesen werde Dein Name.
Du gibst den Jahreszeiten ihren Raum.
Der Duft des Frühlings erquicket meine Seele
Und ich schmücke Deinen Altar mit blauen Bändern.

Die zarte Schönheit der Veilchen
Erfüllt mein Herz mit Jubel
Wie ferner Harfenklang.

Und in alledem erkenne ich die Güte meines HERRN.
Halleluja!

(David König)

Sehr frei nach Eduard Mörike: „Er ist's".
Zum Lob des HERRN, nachdem König David ja nun schon seit
ein paar Jahren nicht mehr singt. Jedenfalls nicht hier.

(Ding Wings)

Bildergeschichte, gar nicht so frei nach Eduard Mörike: „Er ist's", unter Verwendung der bekannten Symbolzeichensätze.
Tipp: Original parallel dazu laut lesen!

Das Geheimnis des blauen Bandes

„Mach deine Praxis für einen Tag zu und komm zu mir, wenn du Zeit hast. Wenn du keine hast, komm trotzdem; es ist dringend." Ich hatte mich auf das Telegramm hin sofort auf den Weg gemacht, und eine knappe halbe Stunde später saßen wir bereits in einer Droschke und waren auf dem Weg zum Ministerium. Vorsorglich hatte ich meinen bewährten Armeerevolver eingesteckt, aber mein Freund hatte mich gebeten, ihn in der Baker Street liegen zu lassen „um die Dame nicht zu erschrecken". Unterwegs erfuhr ich, um welche Dame es sich handelte; und es war keine Geringere als Lady Winterhall, die Frau des Staatssekretärs.

„Es hat leider den Anschein, als sei sie in einen Fall von Landesverrat verwickelt."

Ich erschrak. „Verrat?"

„Du hast vielleicht von diesem neuen Metall gehört, das auf der Pariser Weltausstellung präsentiert wurde, diesem Aluminium? Es ist ein außerordentlich leichtes und stabiles Material, aber seine Herstellung ist ziemlich aufwändig."

Ich nickte. Durch verschiedene chemische Studien, die mein Beruf mit sich brachte, war ich mit dem neuartigen Element einigermaßen vertraut. Aber was konnte das mit Verrat zu tun haben?

Mein Freund fuhr fort: „Seit die Brüder Wright diese erfolgreichen Experimente mit ihrer Flugmaschine durchgeführt haben, ist doch abzusehen, dass der nächste Krieg - den Gott verhüten möge - in der Luft entschieden wird. Und nun stell dir vor, welchen Vorteil jemand gewinnen würde, der das bisher im Flugzeugbau verwendete Sperrholz durch so etwas Stabiles wie Metall ersetzen kann. Wie es scheint, ist versucht worden, geheime Dokumente über das chemische Verfahren zur Aluminiumgewinnung aus dem Ministerium zu kopieren."

„Und was hat die Lady damit zu tun?"

„Das herauszufinden, bat mich der Minister."

*

Als wir in das Zimmer geführt wurden, empfing Lady Winterhall uns ziemlich ungehalten, was zu ihrer vornehmen Erscheinung und ihrem fein geschnittenen Gesicht in unangenehmer Disharmonie stand. „Wie lange soll ich noch hier herumsitzen und warten?" herrschte sie meinen Freund an.

Ich gebe zu, es ist meine Schwäche, dass ich sofort Partei ergreife, wenn ich eine Dame in Bedrängnis sehe. Ich versuchte sie zu besänftigen und versicherte ihr, dass er schon so manchen komplizierten Fall mit aller Diskretion gelöst habe.

„Das ist kein Grund, mich festzuhalten!"

Der Minister, der bislang geschwiegen hatte, ergriff das Wort: „Es ist lediglich eine Vorsichtsmaßnahme, Mylady. Sobald diese Herren, zu denen ich übrigens volles

Vertrauen habe, meinen Verdacht zerstreuen, dürfen Sie gehen." Er wies auf ein Bündel Papiere, das auf dem Tisch lag und mit einem blauen Seidenband verschnürt war. Es mochten vielleicht zwei Dutzend Briefbogen sein, und ich bemerkte, dass das Band kunstvoll darum verknotet war.

Ich musste also schließen, dass die Dame selbst in Verdacht geraten war, die möglicherweise kriegsentscheidenden Dokumente kopiert zu haben.

Der Minister wandte sich an meinen Freund. „Ich möchte Lady Winterhall nicht zwingen, mir ihre Briefe zu eröffnen, aber eine über jeden Zweifel erhabene Persönlichkeit mit Ihrer Reputation könnte vielleicht bewirken..."

„Ich verstehe."

Der Minister ließ uns allein, und mein Freund redete sanft auf die Lady ein, dass es zu ihrem Besten sei, sich ihm anzuvertrauen, selbst wenn die Briefe, nun ja, einen delikaten Inhalt hätten.

„Delikat? Lächerlich! Ich bin vor allem empört, wie eine Verbrecherin behandelt zu werden", erklärte die Dame. „Aber mir bleibt wohl keine Wahl, als Ihnen zu vertrauen. Es handelt sich nicht einmal um Briefe. Es sind Übersetzungen von Gedichten, die ich für einen Bekannten angefertigt habe."

„Darf ich fragen, um wen es sich dabei handelt?"

Sie errötete, fasste sich aber. „Das ist kein Geheimnis. Es handelt sich um Baron von Lenz, den deutschen Gesandten."

„Und das machen Sie hier im Ministerium?"

„Nun, ich habe keine sehr schöne Handschrift, und der Sekretär meines Mannes, Mister Bluehawk, erledigt für mich freundlicherweise die Niederschrift. Ich diktiere nur."

„Aber dann gibt es doch sicherlich keinen Grund, mir einen Blick in diese Papiere zu verwehren?"

Sie seufzte und schob ihm mit unwilliger Geste das Bündel zu. „Bitte."

Mein Freund löste das blaue Seidenband, nahm das erste Blatt in die Hand und hielt es gegen das Licht, als sei es im Zimmer zu dunkel zum Lesen. „Smell of Spring, exciting Flavour, Ribbon blue in balmy Air..." begann er zu lesen. Dann schmunzelte er. „Das ist Eduard Mörikes Frühlingsgedicht, ins Englische übertragen."

„Sie sind ein gebildeter Mensch", stellte die Lady fest.

Mein Freund lächelte geschmeichelt. „Was man so liest. Wenn Sie uns kurz entschuldigen würden? Ich möchte mich mit meinem Freund beraten."

Sie nickte, und er zog mich hinaus auf den Gang.

„Und?" fragte ich. „Das sind harmlose Gedichte."

„In der Tat. Ich habe unauffällig geprüft, ob einzelne Buchstaben markiert sind, um etwa eine Geheimbotschaft darin zu verbergen, aber ich konnte nichts bemerken."

„Dann ist die Lady also entlastet?"

Seine Antwort verblüffte mich. „Bluehawk. Woran denkst du, wenn du das hörst?"

„Der Name des Sekretärs. Was meinst du damit?"

„Blauer Falke. Das ist ein indianischer Name."

„Möglich."

„Lass uns wieder hineingehen. Wir wollen die Dame erlösen."

Sie sah uns erwartungsvoll an. „Nun, zu welchem Urteil sind die Herren Geschworenen gelangt?" erkundigte sie sich ein wenig spitz.

Mein Freund verneigte sich dezent. „Ich habe nie an Ihrer Integrität gezweifelt, Mylady. Unsere Beratung hatte einen anderen Gegenstand zum Thema. Es tut mir ausgesprochen Leid, dass Sie nur unserer Expertise wegen so lange festgehalten wurden." Es schien ihm peinlich zu sein, denn seine Hände spielten nervös mit dem blauen Seidenband. Dann hielt er inne. „Gestatten Sie mir nur noch eine Frage: Dieser Sekretär, Mister Bluehawk - stammt er aus Amerika?"

Sie nickte. „Warum?"

„Nur eine persönliche Neugierde. Ich bitte um Vergebung. Sie dürfen selbstverständlich gehen. Ich werde dem Minister erklären, dass sein Verdacht gegen Sie gänzlich unbegründet war."

Lady Winterhall atmete sichtlich auf. „Sie sind ein Gentleman."

*

„Das war doch nicht alles?" fragte ich meinen Freund, als wir uns in der Droschke auf dem Rückweg befanden. „Ich sehe es dir an, du hast irgend etwas herausgefunden."

„Wie gut du mich doch kennst. Wie würdest du ein Seidenband um ein Briefbündel schnüren?"

„Nun, eben, wie man ein Band schlingt. Oben herum, unten über Kreuz, dann oben eine Schleife."

„Aber es gäbe keinen Grund, weitere Knoten in das Band zu machen, nicht wahr?"

„Sicherlich nicht. Ich habe mich auch gewundert..."

„Siehst du. Du hast es gesehen, und doch nicht gesehen. Vielleicht war es ja das Mörike-Gedicht, das mich darauf brachte, dem blauen Band besondere Aufmerksamkeit zu widmen. Das und der indianische Name des Sekretärs."

„Was willst du damit sagen?"

„Vielleicht hast du davon gehört, dass manche indianischen Völker die Kunst der Knotenschrift pflegen? Sie knüpfen Mitteilungen in eine Schnur, so wie wir sie auf Papier schreiben."

„Demnach war es das Seidenband, das ...?"

„Vermutlich. Da ich, trotz meiner nicht unbedeutenden Kenntnisse auf etlichen Gebieten, diese Kunst leider nicht beherrsche, hätte ich es nicht beweisen können. Aber ich habe die Knoten gelöst und ein paar beliebige neue hineingeschlungen. Sollte das Band wirklich eine Nachricht enthalten haben, so wird der Empfänger, also mutmaßlich jener deutsche Baron von Lenz, jetzt nicht mehr sehr viel Freude damit haben."

„Und die Lady?"

„Ich bin überzeugt, dass sie von dieser Ungeheuerlichkeit nichts gewusst hat. Sie wurde vom wahren Verräter nur als Werkzeug benutzt."

*

Ich hatte den Vorfall fast vergessen, als mir mein Freund etwa zwei Monate später einen kleinen Zeitungsausschnitt präsentierte. Darin war die Rede von einem verheerenden Unfall in einer deutschen Chemiefabrik bei Versuchen mit Aluminium. Als er meinen fragenden Blick bemerkte, ließ er sich zu einer Erklärung herab. „Du erinnerst dich an den Fall der Lady Winterhall mit dem blauen Seidenband? Ich fürchte, jemand hat mein dilettantisches Knotengestammel, das ich dem Band anvertraut hatte, in eine chemische Formel umzusetzen versucht. Nun, und das scheint wohl schief gegangen zu sein."

Er legte nachdenklich den Kopf schräg. „Immerhin verdanken wir es nur dem Stolz einer englischen Lady, dass dieser Verrat verhindert werden konnte. Sie hätte die Gedichte dem Minister zeigen können, er hätte sie zweifellos als harmlos eingeschätzt und die Dame unbehelligt gehen lassen. Nur weil seine Verdächtigung ihren Stolz herausgefordert hatte, mussten wir hinzugezogen werden."

„Also war dein Verdacht richtig, und es gab tatsächlich eine geheime Nachricht in dem Seidenband! Sollte man nicht den wahren Verräter, diesen Bluehawk, dingfest machen?"

„Ich fürchte", lächelte mein Freund, „der blaue Falke hat sich inzwischen in die Lüfte erhoben und ist davon geflattert wie Mörikes blaues Band."

(Donan Coyle)

Ein Pastiche zu Ehren des berühmten Meisterdetektivs, ein wenig inspiriert durch Eduard Mörike: „Er ist's".

Veilchen

„Ray, wir haben da ein Problem." Auf dem Holoschirm war das Gesicht des Lademeisters Prahm erschienen, und es wirkte leicht genervt.

„Präzisiere: Problem", verlangte Ray. Die Taffoderin, mit kupferfarbener Haut und kurzen schwarzen Haaren, fungierte als Frachtmanagerin der STELLA. Die STELLA wiederum war ein Mehrzweckraumer, der Fracht und Passagiere zwischen den Sternen transportierte, aktuell auf Terra beladen wurde und dann eine Reise nach Ares antreten würde. Von der aus etlichen Sternenvölkern zusammengewürfelten Besatzung war Ray wohl die mit der entferntesten Herkunft, sie stammte aus dem Andromedanebel.

Prahm blendete ein Bild vom Landefeld ein, auf dem eine ätherisch wirkende Frau mit langer, platinblonder Mähne und einem luftig flatternden Kleid in Pastellfarben sichtbar wurde. Ein breites, blaues Band war als Gürtel um die Taille geschlungen und betonte ihre schlanke Statur. Die Frachtkiste neben ihr war mannshoch, aber recht schmal. Typ B3, erkannte Ray. Die Frau wirkte ziemlich erregt und redete gestikulierend auf einen Ladearbeiter ein.

„Das ist unsere Passagierin Viola von Merz", erläuterte Prahm. „Sie verlangt, dass dieser Container von Hand ins Schiff getragen wird, weil die Beförderung mit einem Traktorstrahl ihr wertvolles Instrument beschädigen könnte."

Rasch rief Ray an ihrem Terminal die Daten auf. Viola von Merz war offenbar eine Künstlerin, und ihre Agentur hatte für sie eine Passage von Terra nach Ares und zurück gebucht. Neben ihrem Handgepäck war ein Frachtcontainer des Typs B3 angemeldet. So weit, so gut. Um was für ein Instrument es sich handelte, ging aus den Unterlagen nicht hervor.

„Hast du ihr gesagt, dass unser Personal nicht dafür bezahlt wird, die Sachen auf Händen zu tragen, und dass die Gefahr einer Beschädigung dabei ohnehin viel größer wäre als beim Transport mit...?"

„Hab ich. Sie sagt, es ist eine Konzertharfe von Salvi, ein Instrument von unschätzbarem Wert, und sie ist noch nie mit einem Traktorstrahl bewegt worden."

Ray seufzte entsagungsvoll. „Was, bitte, ist eine Harfe?"

Am benachbarten Arbeitsplatz war ihr Lagerverwalter Loup aufmerksam geworden. Er löste den Blick von seinem Display, auf dem er offenbar wieder einmal Kreuzworträtsel löste, beugte sich zu Ray hinüber und erläuterte ungefragt: „Großes Saiteninstrument mit fünf Buchstaben: HARFE."

„Aha."

Loup betrachtete ungeniert das Bild an Rays Platz. „Eine wütende Elfe", stellte er fest. „Sieht richtig süß aus."

„Und was, zum Henker, ist nun wieder eine Elfe? Ich kenne bisher nur eine Elf, und die spielt Fußball."

„ELFE. Anmutige Märchengestalt mit vier Buchstaben."

„Geh zurück an dein Rätsel."

„Darf ich dir vorher noch einen Tipp geben?" Er wartete ihre Zustimmung nicht ab, sondern fuhr fort: „Schick ihr zwei Serviceroboter, die das Teil tragen. Vielleicht genügt das ja ihren Ansprüchen."

„Hm. Mal sehen." Ray beorderte zwei Androiden auf das Landefeld und verständigte Prahm. „Biete dieser abgedrehten Elfe an, dass die beiden Androiden ihren Container tragen. Mehr kann ich nicht für sie tun."

Prahm versuchte sein Glück und meldete kurz darauf, Viola von Merz habe sich einverstanden erklärt. Rays Aufatmen blieb ein kurzes, dann war schon wieder Prahm in der Leitung. „Wir haben noch ein Problem."

„Was denn jetzt wieder?"

„Für den Container wurde Tarifklasse II bezahlt, 40 bis 50 Kilogramm. Er wiegt aber 50,9 Kilo. Was jetzt?"

Ray überlegte, ob sie bereit war, ein Auge zuzudrücken. Bis 50,5 wäre es noch eine akzeptable Toleranz gewesen, aber 50,9 lag eindeutig darüber. Andererseits war sie froh, dass diese Zwölfe oder Elfe sich gerade wieder beruhigt hatte. Sie nickte dem Hologramm des Lademeisters zu. „Prahm, du deklarierst jetzt die Wägung als Fehlmessung und korrigierst den Wert von Hand auf 50,5. Und dann hoffen wir mal, dass es keinem auffällt."

*

Da die STELLA noch einige andere Raumhäfen ansteuerte, dauerte der Flug nach Ares rund zwei Wochen. Ein paar Tage nach dem Start bekam Ray die Elfe erstmals persönlich zu sehen. Viola von Merz verlangte ausdrücklich nach dem Frachtmanager.

Ray empfing sie allein in ihrem Büro, Loup war nicht da. Die Elfe schwebte herein, wie man es von einem anmutigen Märchenwesen mit vier Buchstaben erwarten konnte. Das Farbmuster ihres Kleides sah irgendwie anders aus als neulich bei der Einschiffung, aber ebenfalls pastell und sehr luftig, und das blaue Band fehlte auch nicht. „Guten Tag. Ich..." Sie stutzte. „Sie sind der Frachtmanager?"

Ray kämpfte einen Anfall von Atemnot nieder. Viola stank. Intensiv süßlich. Sie hatte ein Parfüm aufgelegt, auf dessen Verpackung ‚Nicht in geschlossenen Räumen verwenden' gestanden haben musste.

„Die Frachtmanagerin. Ray Travion." Vermutlich war der Eindruck subjektiv. Die Evolution hatte das Volk der Taffoder mit einem überaus empfindlichen Geruchssinn ausgestattet. An Bord des Schiffes mit seiner sehr guten Klimaanlage und Luftaufbereitung war das nur normalerweise kein Problem.

„Ich, hm, wollte mich bedanken, dass Sie meinem Instrument den Traktorstrahl erspart haben. Dieser Lademeister war ziemlich stur, was das betraf."

„Wissen Sie, Ihr Anliegen war wirklich sehr ungewöhnlich. Das dürfen Sie ihm nicht anlasten. Es freut mich, dass ich die Angelegenheit zu Ihrer Zufriedenheit regeln konnte." Ray bemühte sich, flach zu atmen.

Viola nickte. „Die beiden Arbeiter haben das sehr behutsam gemacht. Wirklich."

„Na, dann ist ja alles bestens." Sollte sie noch die Gewichtsüberschreitung thematisieren? Sie entschied sich dagegen, schon allein, um die Konfrontation mit dieser Duftwolke nicht unnötig in die Länge zu ziehen.

„Ich würde mich gern erkenntlich zeigen. Was hielten Sie davon, wenn ich während der Reise ein Konzert gebe? Für die Crew und die anderen Passagiere?"

„Das kann ich zwar nicht entscheiden, aber ich denke nicht, dass der Kapitän Einwände hätte. Ich kann ihm Ihr Angebot gern unterbreiten. Ihnen ist aber klar, dass Ihr Instrument dazu aus dem Frachtraum in die Messe transportiert werden müsste?"

„Wenn die beiden Herren das noch einmal übernehmen würden? Gegen ein angemessenes Trinkgeld?"

Offenbar war der Elfe gar nicht aufgefallen, dass es sich um Androiden gehandelt hatte. Allerdings besaßen die Serviceroboter auch ein absolut humanoides Aussehen; man musste schon sehr genau hinsehen, um es zu merken. Ray beschloss, dieses Detail dezent für sich zu behalten und sich das Trinkgeld mit Loup zu teilen.

„Ich kümmere mich darum."

Viola bedankte sich und verließ das Büro. Ray schaltete die Lüftung auf volle Leistung.

*

Die Mehrzahl der Passagiere und der größere Teil der dienstfreien Besatzung hatten sich zu dem angekündigten Konzert mit dem verheißungsvollen Titel ‚Frühlingsträume' eingefunden. Ray wählte einen Platz sehr weit hinten, wo sie sich vor olfaktorischen Attacken einigermaßen sicher glaubte. Dadurch gab es neben ihr noch freie Plätze; auf einem davon ließ sich Loup nieder. Er grinste. „Wolltest du diese Elfe auch mal live erleben? Aber warum sitzt du hier hinten?"

„Weil ich sonst an ihrem Parfüm ersticke!"

„Ach ja. Deine Nase ist ja etwas sensibel."

Die Harfenistin erschien, schwebte durch den Raum und erreichte die improvisierte Bühne, auf der bereits ihr Instrument stand. Ihr Weg führte allerdings an Ray und Loup vorbei. Die Taffoderin hielt die Luft an. Loup schnupperte vorsichtig. „Na ja, es geht. Veilchen offenbar, sehr passend."

„Veilchen?"

„Frühlingsblume mit acht Buchstaben. Lateinisch: Viola."

„Ach, daher."

Vorschussapplaus klang auf. Die Harfenistin verneigte sich und nahm dann auf einem Hocker neben ihrem Instrument Platz. Es wurde still im Raum. Sie strich ihre Haare zurück und griff zart in die Saiten. Ein Hauch von Klang breitete sich aus wie ein Zauberteppich. Die folgende Stunde über vergaß Ray tatsächlich den Geruch und lauschte verzückt der Darbietung.

Das Konzert endete mit einem tosenden Applaus und dem Ruf nach einer Zugabe, dem die Künstlerin gern nachkam. Nach gefühlt hundert Verbeugungen verließ sie schließlich die Bühne und kam ausgerechnet an Rays Platz. „Ich danke Ihnen nochmals. Auch für die Gelegenheit, an Bord auftreten zu dürfen."

„Dafür müssen Sie dem Kapitän danken." Luft. Ich brauche Luft.

„Sicher. Aber ohne Sie wäre das alles nicht möglich gewesen. Es war zugleich eine Art Generalprobe für meinen Auftritt auf Ares. Ich werde dort anlässlich der Abrüstungskonferenz spielen."

Spontan dachte Ray, dass die Abrüstung von Giftgaswaffen unbedingt auf die Tagesordnung gehörte. „Ich wünsche Ihnen viel Erfolg. Sicherlich wird Ihre betörende Musik die Verhandlungen positiv beeinflussen."

Die Elfe lächelte und warf ihre Haare zurück. „Danke für das Kompliment. Darf ich Sie und Ihren Kollegen noch zu einem Drink einladen?"

Großes Universum, bitte nicht das. „Das ist sehr freundlich, aber ich habe gleich Dienst. Tut mir Leid."

„Schade."

Die Elfe verflüchtigte sich. Ihre Parfümwolke blieb zurück und verflüchtigte sich deutlich langsamer.

„Du hast Dienst?" wunderte sich Loup.

„Dienst an meiner körperlichen Unversehrtheit."

*

Die Einreisekontrollen auf Ares fielen erheblich schärfer aus als sonst. Oberst da Argan, der orkanidische Chef der örtlichen Security, wandte sich persönlich in einem Funkspruch an die Besatzung der STELLA und entschuldigte sich für die Unannehmlichkeiten. Wegen der Konferenz seien die Sicherheitsmaßnahmen intensiviert worden. Einige Waffenkonzerne seien überhaupt nicht an Abrüstung interessiert und es bestehe die Möglichkeit eines Anschlags.

Die Elfe verließ vorerst das Schiff, um in einem Hotel beim Kongresszentrum unterzukommen. Der Container mit ihrem Instrument wurde von den Androiden auf einen Antigravschweber geladen und reiste mit ihr. Ray sah ihr mit dem Gedanken nach, dass ihr auf der Rückreise vielleicht eine Begegnung mit der duftenden Blume erspart bleiben würde; alles was es mit ihr zu kommunizieren gab, war ja nun hoffentlich gesagt.

Vom Fortgang der Konferenz erfuhr sie nur aus den planetaren Nachrichten, und die hielten sich an die offiziellen Verlautbarungen, in denen von einer freundschaftlichen Atmosphäre und einer Annäherung in verschiedenen strittigen Punkten die Rede war. Also eigentlich von nichts. Ausdrücklich erwähnt wurde gleichwohl das Konzert der eigens von Terra angereisten Harfenistin, das als großer Erfolg gewertet wurde.

Das Ende der Konferenz würde die STELLA nicht mehr auf Ares erleben; die Fracht war gelöscht, die neue Fracht verstaut, am nächsten Morgen sollte es zurück zur Erde gehen.

Am Abend zuvor traf Ray in der Messe mit Loup und Prahm zusammen. „Unsere Künstlerin ist wieder an Bord. Diesmal ohne Szene", berichtete der Lademeister. „Das war wirklich ein guter Vorschlag mit den Androiden."

„Nicht wahr?" freute sich Loup. „Meine Idee."

Ray nickte. „Und einen Anschlag hat es bisher auch nicht gegeben. Ich hatte mir wirklich Sorgen um diese Elfe gemacht, dass sie bei ihrem Konzert womöglich zusammen mit allen Konferenzteilnehmern in die Luft gesprengt wird - auch wenn ich ihr Parfüm absolut widerlich finde."

„Übrigens...", Prahm senkte die Stimme, „...das mit dem Gewicht muss wirklich eine Fehlmessung gewesen sein. Ihr Container wog jetzt nur noch die avisierten 49,9 Kilo."

Loup zuckte mit den Schultern. „Ares hat einen anderen Ortsfaktor."

„Ist schon rausgerechnet. Wir sollten die Waage überprüfen lassen."

Rays Augen weiteten sich, als ihr plötzlich ein höchst unschöner Gedanke kam. Sie sprang auf.

„Was...?" fragte Loup.

„Sie hat ein Kilo dagelassen", rief sie ihm zu, dann rannte sie auch schon davon, in Richtung der Funkzentrale.

„Schalte mir eine Verbindung zu Oberst da Argan", verlangte sie vom diensthabenden Funker.

„Um diese Zeit? Der hat Feierabend."

„Ein Sicherheitschef hat keinen Feierabend. Nun mach schon."

Da Argans Dienststelle versuchte sie zu vertrösten. „Der Oberst ist nicht zu sprechen. Wenn Sie vielleicht morgen..."

„Ich habe eine wichtige Mitteilung für ihn. Es geht um ein Attentat auf die Konferenz."

„Oh." Die Verbindung kam innerhalb von drei Sekunden zustande.

„Da Argan hier. Sie wollten mir etwas mitteilen?"

„Ich bin Ray Travion, Frachtmanagerin der STELLA. Es handelt sich um diese Musikerin, die auf der Konferenz ein

Konzert gegeben hat. Ihre Harfe wog nach dem Konzert ein Kilogramm weniger als vorher. Könnte es sein, dass..."

Der Mann begriff schnell. „Verstehe. Ich lasse sofort alle Räume durchsuchen, zu denen sie Zugang hatte."

„Danke. Viel Erfolg."

„Ich habe zu danken."

*

Gegen 22 Uhr erreichte sie ein Anruf im Bordnetz. „Ray Travion, bitte zum Kapitän."

Sie konnte sich denken, was er wollte. „Ray, ich weiß Ihre Arbeit zu schätzen. Aber dass Sie von sich aus die Security wild machen und dann auch noch eine Passagierin beschuldigen, überschreitet Ihre Kompetenzen."

Sie senkte schuldbewusst das Haupt. „Tut mir Leid, Sir. Aber ich hatte einen konkreten Verdacht, und es musste schnell gehen."

„Ich erhielt eine Nachricht da Argans. Die Suche nach einer Bombe blieb ohne Ergebnis. Viel Lärm um nichts. Ich will für uns hoffen, dass Viola von Merz nichts von dieser Peinlichkeit erfährt. Und jetzt kein Wort mehr darüber."

„Jawohl, Sir."

Ray starrte an die Wand ihrer Kabine und haderte mit ihrem Schicksal. Sie wäre ja selbst froh gewesen, wenn diese Elfe, die so wundervoll musizierte, nichts mit einem Anschlag zu tun gehabt hätte. Andererseits war die Harfe ein Kilo leichter geworden, dafür fand sie keine andere Erklärung. Es war doch auffällig, dass die Fracht von der

Agentur mit unter 50 Kilogramm deklariert worden war und dann beim Einschiffen darüber gelegen hatte. Und dass hier auf Ares das ursprünglich angemeldete Gewicht wieder stimmte. Messfehler? Ortsfaktor? Ihre Zweifel siegten.

Sie stellte eine Verbindung zum Kapitän her. „Sir, ich habe eine Bitte. Bekomme ich Landgang genehmigt?"

„Landgang? Jetzt?"

Sie produzierte ein verlegenes Lächeln. „Ehe wir morgen abfliegen, möchte ich mich noch einmal ins hiesige Nachtleben stürzen. Ich muss meine Schlappe von vorhin irgendwie vergessen."

„Nanu, das passt gar nicht zu Ihnen. Aber bitte. Urlaub bis zum Wecken. Wir starten um acht Uhr Ortszeit."

„Danke, Sir."

Für einen glaubwürdigen Ausflug ins Vergnügungsviertel konnte sie schlecht die Uniform anbehalten. Sie wählte einen hautengen Anzug in schwarz und rot, mit dem sie aussah, als sei sie geradewegs der Hölle entstiegen. Was das war, wusste sie von Loup. Ort der Verdammnis mit sechs Buchstaben: HOELLE.

Der Form halber kehrte sie kurz in einer Spelunke ein, gönnte sich ihren Lieblingsdrink - 140 Prozent Alkohol, davon 70 in den Hyperraum ausgelagert - wimmelte ein paar Typen ab, die offenbar Lust auf eine höllische Bekanntschaft verspürten, und ließ sich dann gegen Mitternacht von einem Gleitertaxi zum Kongresszentrum bringen. Der Zugang wurde von Scheinwerfern erhellt, bewaffnete Posten standen auf beiden Seiten. „Kein Zutritt. Wegen der Konferenz ist das ganze Areal Sperrgebiet."

Puh! Der Mensch hatte Zwiebeln gegessen. „Schon klar. Ich muss aber dringend mit Ihrem Chef sprechen."

Der Mann lachte. „Und wen sollen wir melden? Luzifer?"

„Von mir aus. Der Name Ray Travion dürfte ihm aber mehr sagen."

Der Wachmann trat ein paar Schritte beiseite und sprach in sein Mobiltelefon. Dann kam er zurück, drückte ihr das Gerät in die Hand und sagte: „Reden Sie selbst mit ihm."

„Ah, Sie sind es", begrüßte sie da Argan. „Ihre Warnung war zum Glück blinder Alarm."

„Ich weiß. Ich habe mir von meinem Käptn gerade einen ziemlichen Anpfiff dafür eingehandelt. Trotzdem bin ich überzeugt, dass da etwas faul ist. Welche Räume haben Sie durchsucht?"

„Den Sitzungssaal, die Künstlergarderobe, die Bühne, die Flure. Woanders kann die von Ihnen Verdächtigte nicht gewesen sein. Um wirklich alles zu durchsuchen, brauchen wir länger als bis morgen früh."

„Lassen Sie mich rein?"

„Na gut. Willes, bringen Sie die Dame zur Künstlergarderobe, ich erwarte sie da."

Willes salutierte vor seinem unsichtbaren Chef. „Zu Befehl."

*

Da Argan betrachtete sie von oben bis unten und wieder zurück. „Nettes Outfit. Haben Sie heute noch etwas vor?"

„Für meinen Kapitän bin ich ins Nachtleben eingetaucht. Noch einmal hätte ich ihm mit meinem Verdacht nicht kommen dürfen. Hier hat sich die Künstlerin vorbereitet?"

„Offenbar ja."

Ray schnupperte. „Stimmt. Ich rieche ihr Parfüm. Und auf welchem Weg geht es von hier zum Saal?"

„Hier entlang. Worauf wollen Sie eigentlich hinaus?"

„Bleiben Sie bitte etwas zurück. Ihr Rasierwasser irritiert mich."

„Was hat mein Rasierwasser...?"

„Ich bin Taffoderin."

„Und das heißt?"

„Ethnisch bedingte Hyperosmie. Ich habe eine extrem empfindliche Nase. Wohin führt diese Tür?"

„Zur Antigravzentrale, glaube ich", half Willes aus.

„Können wir da rein?"

„Willes, machen Sie auf." Der Wachmann öffnete mit seinem Code, Ray trat ein, die beiden anderen im Schlepp.

„Sie war in diesem Raum. Ich rieche es."

„Warum sollte sie?"

„Weiß ich nicht. Oder doch. Wie ist ihre Harfe auf die Bühne gekommen?"

„Normalerweise wird so etwas mit einem Traktorstrahl gemacht."

„Sie hat eine Abneigung gegen Traktorstrahlen. Sie behauptet, ihr Instrument werde davon beschädigt. Ich vermute, sie hat es von jemandem tragen lassen."

„Willes, treiben Sie die Leute auf, die hier am Nachmittag die technische Leitung hatten. Und zwar flott."

Während der Wachmann telefonierte, schilderte Ray die Vorgänge bei der Verladung der Harfe. Nach einer Weile brachte ein weiterer Posten zwei verschlafen wirkende Figuren, eine Frau und einen Mann. Sie wurden schlagartig wach, als sie da Argan erkannten. „Ist was passiert, Sir?"

„Sie hatten Dienst, als diese Musikerin hier ihr Konzert gab. Ist Ihnen etwas Außergewöhnliches aufgefallen?"

„Erzähl du", wandte der Mann sich an seine Kollegin. Jene schilderte eine Szene, die der beim Verladen auf Terra sehr ähnelte. Viola von Merz hatte darauf bestanden, dass ihr Instrument getragen wurde. Sie war in der Antigravzentrale gewesen, hatte unter Tränen dem technischen Team etwas vorgejammert und tatsächlich zwei Männer überredet, mit anzupacken. Wer konnte auch einer Elfe etwas abschlagen?

„Sie war also definitiv hier drin. Was würde passieren, wenn in diesem Raum eine Bombe explodierte?"

„Alle Antigravs würden ausfallen. Natürlich käme niemand zu Schaden, sämtliche Antigravschächte sind mit Fangnetzen ausgestattet."

„Dann wäre ein Anschlag hier ziemlich sinnlos", überlegte Ray. „Haben wir etwas übersehen?"

„Die Damokles-Installation", stieß der technische Leiter erschrocken hervor.

„Die - was?"

„Dieser Monolith über dem Konferenzsaal. Ein Künstler hat diese Installation anlässlich der Abrüstungskonferenz entworfen, um die latente Gefahr eines Krieges zu symbolisieren. Der Monolith schwebt über dem Saal und wird nur von Antigravfeldern gehalten. Natürlich dreifach redundant abgesichert. Wenn ein Energiekreis ausfällt, springt sofort ein anderer ein. Aber im Falle einer Explosion hier würden alle Kreise ausfallen."

„Wer denkt sich so einen Schwachsinn aus?" schimpfte Ray. An jeder Verladestelle stand ‚Nicht unter schwebende Lasten treten'. Künstler! „Los, durchsuchen Sie den Raum."

„Aber hier gibt es tausend Versteckmöglichkeiten. Hinter jeder Schalttafel, jeder Leitung..." Da Argan sah auf seine Uhr. „Es ist vier Uhr morgens. Und um sieben geht die Konferenz weiter. Das schaffen wir nicht."

„Schon gut. Alles was stinkt, bitte raus. Vor allem Sie mit Ihrem Rasierwasser und Sie mit Ihrer Zwiebelfahne. Entschuldigung, das ist keineswegs persönlich gemeint."

Da Argan winkte den Leuten, den Raum zu verlassen und folgte ihnen als letzter. Ray konzentrierte sich auf ihren Geruchssinn und schritt die Schaltanlagen ab. Viola hatte die Bombe in der Hand gehabt. Sie musste nach ihr riechen. Und sie roch nach ihr. Sie klebte unauffällig hinter einem Verteiler. „Kommen Sie wieder rein, ich hab sie."

Da Argan betrachtete den Metallzylinder, der aussah, als sei er ein harmloser Teil der Technik in diesem Raum. „Geschickt gemacht. Da muss jemand aus dem Andromedanebel kommen, um so eine Höllenmaschine zu finden." Er grinste dünn. „Sogar im passenden Anzug."

„Ob Sie nun das rote oder das blaue Kabel durchschneiden, muss ich Ihnen überlassen. Davon verstehe ich nichts."

„Diese Bombe hat keine Kabel."

„War'n Witz."

∗

Wie die Untersuchung ergab, wäre die Bombe kurz nach dem Start der STELLA hochgegangen. Da Argan ordnete an, das Schiff festzuhalten und Viola von Merz zu verhaften. Als der Start sich verzögerte und die Explosion ausblieb, musste sie begriffen haben, dass sie verloren hatte; sie entzog sich der Festnahme und dem Verhör, indem sie sich an ihrem blauen Seidengürtel erhängte. Dadurch konnte sie die Hinterleute des geplanten Anschlags leider nicht mehr verraten.

In grimmiger Pietätlosigkeit ließ Oberst da Argan sowohl den Blechsarg als auch die sichergestellte Harfe mittels Traktorstrahl von Bord schaffen. Die STELLA startete mit nur zwei Stunden Verspätung.

„Und wie hast du die Bombe schließlich gefunden?" erkundigte sich Loup neugierig.

„Frühlingsblume mit acht Buchstaben", sagte Ray.

(H. K. Schwer)

Im Geiste einer bekannten SF-Romanheftserie.
Ein wenig inspiriert durch Eduard Mörike: „Er ist's".

Nachwort

Ich bitte alle aufs Korn genommenen Autoren, die echten ebenso wie die frei erfundenen, um Vergebung für den respektlosen Umgang mit ihren Werken. Während meiner Schulzeit, die vor nunmehr 50 Jahren endete, stand ich mit Literatur (abgesehen von Perry-Rhodan-Heften) stets auf Kriegsfuß, und ich habe auch nie herausbekommen, was der Dichter sich gedacht hatte. Deswegen habe ich dann ja auch lieber in Physik promoviert. Auf meine alten Tage habe ich allerdings selbst angefangen zu schreiben. Dadurch beginne ich allmählich, mit den Literaten meiner Schulzeit Frieden zu schließen: Ich habe auch bei mir selbst nie herausgekriegt, was ich mir dabei gedacht habe.

Dr. Christian Eckhard, im Frühjahr 2019